AF275562

TODO EMPIEZA POR UN HUECO

Óscar Cavadas

COLECCIÓN ITES

TODO EMPIEZA POR UN HUECO

© Óscar Cavadas
© Corrección: Cristina Ocete
© de esta edición: Olé Libros, 2025

ISBN: 979-13-87620-09-7
Depósito legal: V-263-2025
Impreso en España

KALOSINI, S. L.
Grupo editorial **olélibros**
equipo@olelibros.com
www.olelibros.com

A los que llevan un hueco dentro

FRUTO DE SANGRE Y LECHE

A unos niños les peinan
a otros les aran.
Al amanecer frente al espejo
la leche bajo tierra.

Años depués
a los unos les acarician
a los otros les surcan.
Por sus estrías, la sangre cada noche.

Frutos de sangre y leche
ruedan por la calle
frutos de un cielo recién

vareado.

1
EL COLOR DEL RELÁMPAGO

Todo empieza por un hueco

En cualquier casa se encuentran
fotografías y retratos
de gente bien vestida y sonriente.
Presiden el salón
atestiguan ser sus dueños.

Mirando una pared blanca
alguien se pregunta
dónde se esconden esos cuadros
en el lugar donde vive.

En un pozo con la forma de sí misma
una semilla de vacío toma forma.

Las raíces suelen ser preguntas

Del vacío, nacen las raíces.
Cada una es una pregunta
que se abre
que escarba.

Un juego de grietas
que se extiende
tras el esternón.

Pintar un bodegón de rostros

En la casa sin rostros en las paredes
son todas las pinturas
bodegones

las frutas sustituyen a los dueños.

Sin sonrisas las caras,
sin rostros los cuadros

la casa, una corteza.

LOS CUADROS TORCIDOS

No solo carecen de alma
todos los cuadros de este lugar,
también están torcidos.

Alguien se empeñaba en ponerlos rectos
pero cada noche
una mano abría sus raíces
y movía las escarpias.

A nadie le importa ya cómo queden los cuadros.

La habitación de los relámpagos

Algunos días se abre
la habitación de los relámpagos
                              —Sí, en cada casa hay una—
se pintan las paredes con su color
se vierte la luz
se revela lo oculto.

Tras él
alguien corre a esconderse.
A su paso, un nuevo cuadro queda torcido.

En un rincón, la mesa puesta,
cuatro sillas
y tantas sombras.

Árbol genealógico

Se hace raro querer
cuando nadie te ha enseñado
si quien debió hacerlo
nunca aprendió.

Cómo iban a aprender
si quienes tuvieron que enseñarles
fueron besados por una muerte promiscua

que aún sigue pariendo hijos
que aún sigue acunando nietos.

TRUENO Y RELÁMPAGO I

Aparece el relámpago.
Un fogonazo que hace arder
en pleno vuelo a las aves.

Aparece,
con su color pinta las paredes y los techos,
se consume entre las rendijas
y vuelve el azul marino de la noche.

Entonces, empiezas a contar los segundos
que distan

uno

      dos

          tres

entre la luz

             cuatro

               cinco

                 seis

y un trueno que
no llega

2
AUTOFOBIA

Un brazo
trabaja con su martillo
el metal sobre el yunque

cada impacto es
el picoteo de un gallo en el suelo

el hierro inerte que al mismo hierro aliena
sobre el yunque brama y llora
pero el brazo no se detiene

en ascuas
se deshilacha de extenuación
llenándolo todo de hollín

Matrioska

Giras
una y otra vez

giras y abres
cada cavidad
que va apareciendo
con la forma de ti mismo.

Te vuelves a abrir
y te repites

de nuevo ese espacio
que te mira y te pregunta
ese fruto de madera
una matrioska perpetua

Hueso con hueso

Imagina una fruta,
que al ir a morderla
no dieras ni con su carne ni con su zumo,
que justo bajo la piel
te sorprendiera su hueso,
que esa pepita rocosa
te raspara la lengua y te rompiera los dientes.

Hueso con hueso astillas.

Cada día se levanta la Epidermis
toma una ducha
y desayuna mientras oye las noticias.

Después se incorpora el Resto
y la encuentra ya preparada y limpia
poniéndose la ropa
o saliendo de casa.

Otros días, la Epidermis es la única
que logra ponerse en pie.
El Resto se encoge entre las sábanas
y sí,
se arrepiente
pero solo consigue
oír cómo se cierra la puerta
y gira la llave
y otro día será.

Sin embargo hay veces en que ni la propia Epidermis se logra erguir.
El Resto se la encuentra a su lado
cuando abre los ojos.

Esos días nadie va a trabajar.
Ambos esperan.
Uno, forma
la otra, sentido.

Blancas, negras, azules,
cien por cien algodón,
de lino o de viscosa.

Cada mañana al abrir el armario
escojo
una nueva corteza que ponerme.
Lisa, de cuadros o de rayas,
por cada día, una piel distinta
aunque siempre acabe
disfrazado de lo mismo.

Arrugada en el suelo
la crisálida de ayer.

Ceniza

Son tus zapatos dos ceniceros

si se te sopla, no te caes
te esparces como la niebla

si yo cubriera el recipiente   carne
si te atara los cordones   ceniza
serías una simple

                            urna

El censor

Una esquina doblada,
algo importante oculta la página.

Donde hay un borrón
se escribió un beso o una idea.

Hojas, manos sucias,
una goma de borrar.
Trepa hasta la boca una náusea
con sabor a tinta.

La mirada de quien censura es un faro de sombra.

Desdoblado en cualquier lugar
cuántas veces me he esperado
viendo avanzar preguntas
el moho en la fruta

debatiendo si esta vez sí
la puerta de abajo
sonó como cuando tú la cierras.

Disociación

Desde el margen en que me habéis situado
me pregunto
por el sabor de los verbos que usáis
bailar
beber
fingir.

Me vigilo entre vosotros
pero por mucho que me mire, no me veo
porque es mi cuerpo, y no yo, el que sale por mí esas noches
aunque realmente tampoco sea él.

Lo que contemplo es mi hueco, mi propia ausencia.
Un agujero en la vida, andante y a tiempo real.

Una mancha de celuloide en la película
        una pedrada en la ventana
                una llaga en la mano
                        de un cuerpo empeñado, hasta el abatimiento, en hacerse físico
ante otros cuerpos que se arrastran sobre suelos de aire.

Trueno y relámpago II

años
o más bien décadas
contando los segundos

entre aquel relámpago y un trueno
que sigue sin rugir.

Intacto perdura
el fogonazo que hizo arder
en pleno vuelo a las aves,
que mantiene al cielo encendido
y a sus frutos sin cosechar,

el fogonazo que aún se refleja
en la pared de los párpados
al intentar dormir cada noche

3
LA FRUTA SIN PULPA

Así será a partir de ahora

Extraes cuidadosamente un ejemplar de la bolsa,
sacas un cuchillo del fondo del cajón.
Su metal relampaguea
mientras lo introduces unos milímetros
en la base de la nuez.

La muñeca velluda,
el giro seco.
Se resquebraja el fruto,
se vierte su sequedad amniótica.

Seleccionas el siguiente ejemplar

Comportarse como una línea recta

predestinada
previsible
autómata

igual ayer que mañana

una brizna por el aire

sin origen ni destino
entre dos negativas
matriz y tumba.

UN PANAL COLMADO DE HUECOS

El surco en la sien
la estría en la tierra
los cuadros sin rostro
los rostros sin sonrisa
las sombras sin gente

todas esas carencias
forman un panal colmado de huecos
que cuando salgo a comer
                    me habla desde la silla de enfrente.

NEGRA FRUTA DEL ODIO

Negra fruta del odio
te sirven directa del árbol

tu pulpa nos tiñe las uñas
negro jugo vertido

negra fruta del odio
te bebemos
pringosa entre las piernas

nos oscureces los dientes,
el alma, según caes

negra fruta viscosa
nos tiñes y confundes
con la noche

se derraman tu zumo
y tus semillas
hasta acabar siendo solo piel.

Una mancha,
tus granos y tus hebras,
sobre el inerte asfalto.

Peso cero

Tantos años comiendo solo cáscaras
masticando trozos de aire
que no se entiende
un peso así,
tan antiguo.

Tira de ti y te arrastra
con su cansancio
hacia el fondo de la vida
pero cualquier mañana, sobre la báscula,
peso cero.

FRUTO DEL SILENCIO

Un cero expande sobre el papel
su cáscara de tinta
hasta encontrarse con otros ceros.

Y es que a veces coincidimos,
juntamos nuestras siluetas
en bares o en casas
y formamos un racimo de ceros

y teñimos con la tinta de nuestra propia pulpa
las horas y sus límites
hasta dibujar una mancha
una sombra al salir a la calle.

Al día siguiente
deshidratación y culpa.

No sucede nadie

Hay días en que ocurre alguien
incluso muchos
pero aun así no sucede nada.

Al volver de cualquier piso
visto igual en tantos otros
mientras espero al autobús
supongo que yo tampoco sucedo.

Es difícil dejar huella en el asfalto.

TE HUELE TANTO LA SOLEDAD

que por mucho que te escondas
anticipas tu propia llegada
antes incluso de pisar la calle.

Llevas un olor
que dobla las esquinas antes que tú
que te precede al llegar a los sitios.

Un espejo de olores al chocar los dos.

Te huele tanto la soledad
que cuando llamas al timbre
ya has inundado toda la escalera.

El olor desde la entrada
los platos aún sin limpiar
las moscas
en el cajón de la fruta
las moscas
en cada una de sus piezas

las manchas en la piel
y desde su hueso,
escarbando, una larva de vacío.

En cualquier víspera se acentúa la soledad

Un grifo que no se cierra
un día de fiesta lleno de hormigas
su víspera
viendo la calle desde la casa
una placenta como un cuarto.

Entonces, cuando más dudo de mí mismo,
meto la cabeza entre los cojines del sofá
caigo sobre la ranura que hay entre ellos.

El cuerpo de un pájaro entre dos alas.

Pulpa

Cuando te sientes a merendar,
como acostumbras,
y abras la cáscara de una nuez vacía
acuérdate de mí.

Entonces, en tu sala,
bajo el fluorescente
acuérdate de este enorme hueco
del esternón a las vértebras.

La muerte de vez en cuando
sobre la tierra eyacula.
Mi pecho, tu plato.

VERDE

Un reencuentro con un viejo amigo
a quien no ves desde hace tiempo

su trabajo
su casa
su pareja
sus hijos
sus

preguntas muerden la corteza aún
verdosa para la época

Imagina una fruta,
que al pelarla se desmoronara entre tus manos,
que cayeran sus gajos invisibles.
Entre tus dedos
su pulpa sin sabor.

Imagina morder ese vacío
al acabar cada día
tras desnudarte en tu dormitorio
dar con tus huesos contra el fondo de la cama.

4
TRILOGÍA DEL INSOMNIO

Lúcida noche blanca
a un lado y al otro
por las paredes circula
un convoy de imágenes
una luminosa venda
de obsesiones

solo y multiplicado
brotan sonidos de uno mismo
como los árboles de la tierra
primero uno
y otro
y otro más
y se hacinan en un diálogo
en una estridente
orquesta nocturna

relampaguea la pared desnuda
en el horizonte de la cama
relampaguean los párpados al cerrarlos
los pensamientos surgen
en la silenciosa oscuridad
igual que debiera brotar el trueno.

5
DE MADERA Y VACÍO

Caronte conduce el camión de la basura

Un perro ladra en el piso de arriba
a un lado una anciana juega con su nieto
al otro alguien zarandea una sartén
y abajo, el bar.

Me pregunto qué escuchan de mí los vecinos.
Sin duda la radio
largas conversaciones al teléfono
y alguna visita infrecuente.

Supongo que hay noches
en que oyen el llanto
brotar por los desagües
arremolinar residuos
arrastrar pertenencias.

Creo que ocurre con el camión de la basura.
Llega y
tras su alboroto
ya no se escucha nada.

Onanismo

Anotamos las fechas señaladas
su cifra y su letra en el calendario

nacimientos
efemérides
muertes

pero hay quien un buen día
comienza a devorarse a sí mismo.

Eso
en ningún sitio se apunta.

1,74

Se empieza hablando cada vez más bajo
participando menos en las conversaciones
se renuncia a un plan a última hora
a dos
a tres

borrado con los días, poco a poco,
replegado hasta ser el esternón
una sima de hueso

acabar dando solo pasos hacia atrás
hacia abajo
hacia adentro
desaparecer partes de uno mismo

creo que hasta he menguado unos centímetros.

Que yo quiero ser pulpa
nunca más una máscara.
La vida
dejarla pasar por mí

dejar de arrastrar este viejo olor
a palabras reaccionarias,
este nombre
sin apellido ni gentilicio.

Al menos una vez a la semana
de frutas va llena la bolsa.
Todas insípidas, todas vacías
igual que las del resto de nombres
sin apellido ni gentilicio
que van de la tienda a la casa
de un mercado a otro.

¿Dónde viven los que no habitan su cuerpo?

Una gota de odio

Tan lejano,
acabar transformado en una
gota de odio,
supongo que de color negro.
Una deforme bola de licor.
Un combustible
rebosante de memoria.

Míster Caronte

Vengo en un pensamiento de acero y madera
de recta y arco
vengo en un pensamiento
de filo y cilindro

de una orilla a otra.

Vengo a cavarme.

A favor de Jaime Gil de Biedma

Anoche nadie preguntó por ti
en ningún bar se pronunció tu nombre
ni traigo recuerdos que darte

en cambio
te permites recibirme
con actitud ecuestre
al otro lado del pasillo.
Me miras intentando que florezca la culpa

pese a las horas, esta vez no.

Hasta hoy te he dejado vivir en mi casa
dormir en mi cuarto
vestirte con mi ropa
te he alimentado
incluso te he prestado mi silueta

pese al cansancio, esta vez no.

Con los dedos de los pies me aferraré al suelo
y haré crecer una decisión
igual que lo hace un árbol
            —No serás más la pulpa de esta piel—

te llevarás de aquí los cuadros torcidos
los ceniceros sucios
las cáscaras de fruta sin limpiar.

Los segundos, contando, se acabaron.
Ya se oye el trueno.

Trueno y relámpago III

al fin surge
desde algún lugar

un ovillo de ruido
recorre el cielo
sin parar de rugir
hasta encontrar al relámpago.

Luz y sonido
se abrazan
se encrespan

apagan el fogonazo,
el de dentro de los ojos
el que hizo arder a las aves en pleno vuelo.

Silencian la voz
que no paraba de contar segundos.

Queda
solo
el murmullo de las calles
al otro lado de la persiana.

6
CIGARRAS Y ENKIDUS

Pero el silencio

es un hueco más
que nunca termina de vaciarse
siempre queda algún resto
sonoro que impide
esa última forma de expresión.

Un coche que acelera
el zumbido de un electrodoméstico
el propio organismo.

Solo el silencio está lleno
solo él significa algo.

¿Puede el limbo ser un hogar?

Pese a volver a una casa a diario
y a despertar también en ella
en ningún buzón se han escrito hasta ahora
ni este nombre ni estos apellidos.

Para qué gastar la tinta, el papel y el tiempo
si cuando crees que ya has llegado
tienes que volver a descolgar los cuadros torcidos

si al ir a abrir la maleta
no te encuentras la cremallera en la piel

abrir las palabras por la mitad
hundir las manos en su carne

        un golpe de olor

encontrar en ellas su significado
una simiente con la que volver a empezar

extraerla
plantarla
junto a un pensamiento
de acero y madera
de recta y arco

esperar tiempo y agua

abres el grifo
corre el agua

llega a ti
se divide

cae por
los lados
sin nadie que
se la beba

gotea desde
las uñas
sin un hacia
donde llegar

como un jugo que
cae

cae

caes
por un lugar sin suelo

Nadie contó el agua malgastada
hasta salir el blanco bajo el negro
y lavar ese olor
que pronto va a volver
que me precede al llegar a los sitios
que me anuncia al doblar cada esquina
y que de noche sube escaleras
buscando un recipiente

es preciso encontrar un recipiente

el aire en los bronquios
la voz por la boca
el significado en las palabras
que penetran los oídos

encontrarse las yemas de los dedos
en un abrazo

el preciso instante
en que la materia se llena de sí misma
como quien llega justo a su hora
o ha encontrado la palabra exacta

ENKIDU

repleto de agua y tiempo
de sangre y leche
cae el fruto
del árbol
para rodar después sobre la hierba

La cigarra

no existe el silencio
incluso en los instantes de sosiego
acaba escuchándose a la cigarra
bajo el esternón
sus alas mis costillas
van haciéndose arena

debe ser verano.

ÍNDICE